Una jornada hacia la ESPERANZA

Escrito por **Victor Hinojosa** y **Coert Voorhees**
Ilustrado por **Susan Guevara**

SIXFOOTPRESS
Houston

La pequeña Alessandra de 10 años se despide de las ondulantes aguas del lago Petén Itzá en Guatemala.

Intenta recordar a su madre, quien le dio un fuerte abrazo antes de partir, hace cuatro años. Su madre le prometió que enviaría por ella tan pronto como tuviera dinero.

"Voy a reunirme contigo, mamá", dice Alessandra en voz baja mientras se aleja de la orilla del lago.

Laura tiene 13 años y quiere ir a la escuela. Nando tiene 7 años y le gustan los trenes. Les gustaría poder quedarse en El Salvador, pero sus padres quieren que vivan con sus tíos en los Estados Unidos.

"No me quiero ir", dice Nando llorando.

"Yo estaré contigo, Nando", responde Laura. "Juntos seremos más fuertes".

En San Pedro Sula, Honduras, los amigos de Rodrigo, de 14 años, hacen cosas que no deberían. Quieren que Rodrigo se les una, pero él se rehúsa.

Se arrodilla junto a su hermanita dormida. Sabe que si le dice que se va a ir, ella le suplicará que se quede.

"Voy a reunirme con nuestros padres en Nebraska. Pronto todos estaremos juntos y felices". Rodrigo le deja la nota en la almohada cerca de su cabeza y sale de la casa.

Rodrigo y Alessandra se encuentran en El Ceibo justo antes de cruzar a México.

"Ma sa' laach'ool", dice ella. "Buenos días. ¿Vas a Estados Unidos?"

"Hola", responde Rodrigo. "Sí. ¿Tú también?"

Esta niña con el vestido de colores le trae memorias a Rodrigo de su hermana. Alessandra por su parte, tiene la sensación de que este niño de abundante cabello con los zapatos desgastados es una buena persona.

A mitad de camino en el río Suchiate, Laura se resbala en el borde de la balsa y cae a las turbulentas aguas.

"¡Laura!" Nando grita y trata de alcanzar la punta de sus dedos. "¡No me dejes!"

Un extraño la sube nuevamente al bote y Nando la abraza con fuerza. Finalmente llegan a tierra firme, exhaustos. Ya están en México.

En un albergue en Oaxaca, los cuatro niños se acurrucan en el mismo colchón de cartón. Aunque se acaban de conocer, pasan la noche juntos como una familia.

A Nando le suenan las tripas. "¿Fue un jaguar?" pregunta Laura con una risa forzada.

"Yook intz'okajik", dice Alessandra frotándose el estómago.

Rodrigo entiende. Todos saben lo que es el hambre. "Pronto encontraremos algo para comer. Mañana tomaremos La Bestia, el tren".

"¡Corran y súbanse al tren cuando disminuya la velocidad en la curva!" Alessandra grita cuando se acerca La Bestia.

Nando corre a toda velocidad. Es el más pequeño, pero también el más rápido. Un día será una estrella del atletismo.

Cuando Rodrigo salta a la escalera de hierro, su zapato se cae y las ruedas del tren lo rebana instantáneamente por la mitad. Por suerte logra subirse. Todos lo logran.

Recuperan el aliento, aliviados por ahora, y se encuentran entre la multitud encima de los vagones. "¡Nos estamos moviendo!" Laura grita. "¡Genial!"

Los Lanzadores los sorprenden con paquetes de pan, galletas saladas y botellas de agua. También lanzan otras cosas al tren: un suéter, una muñeca, unos zapatos.

Algunos Lanzadores también han enviado a sus propios hijos en el viaje hacia la esperanza. Ahora ayudan a estos niños y oran para que otros hagan lo mismo por sus hijos.

Laura combina los regalos de los Lanzadores para hacer una buena comida. Pan, queso, refresco, limonada. Algún día será chef, como su mamá.

Por un hermoso momento se sienten fuertes nuevamente.

En Ciudad de México, los niños saltan del tren y pronto se encuentran en el mercado más grande que han visto. Es ruidoso, un frenesí de colores, energía y palabras desconocidas.

Aquí, algunas personas son amables. Una mujer le da a Rodrigo un par de zapatos que se ajustan a sus pies descalzos y llenos de ampollas. Otros les dan un mango, una rebanada de pan, un jabón en barra.

Al día siguiente, los niños se suben de nuevo a La Bestia. Está muy lleno. Se apretujan en cualquier espacio que pueden encontrar.

Un hombre se arrastra por encima de un vagón cubierto. Se cayó cuando el tren se movió repentinamente y su pierna está sangrando. Rodrigo rasga una tira de su camisa y le envuelve la herida. Algún día, él será médico.

El tren traquetea por túneles tan largos que los niños olvidan cómo se ve la luz. La Bestia emana humo negro que les tapa la nariz y los hace toser.

Se escucha la voz de Nando en la oscuridad. "Todo esto valdrá la pena, ¿verdad?"

"¿A qué te refieres?" pregunta Alessandra.

"¿Al futuro? ¿En el otro lado?" responde.

"Por supuesto, en los Estados Unidos iremos a la escuela y tendremos siempre suficiente para comer. Estaremos con nuestras familias", responde Alessandra. Todos quieren creerle.

A pesar del calor del día, el granizo, la lluvia y el frío de la noche, se sienten libres.

Libres, aunque sea por un momento. El viento en el cabello. El futuro que se abre ante ellos.

Finalmente han logrado ir hasta donde La Bestia los puede llevar, aún hay muchas millas entre la frontera de México y los Estados Unidos.

Un hombre de cálida mirada y voz suave les da un aventón junto con otras personas en la caja de su camioneta. Mientras Rodrigo habla con el hombre por la ventana, Alessandra ve miles de mariposas monarca que migran en dirección contraria.

Se imagina el infinito en su mente. Ve la historia de sus antepasados, los mayas, y de pronto se siente fortalecida. Ella será una artista.

En el campamento de Nuevo Laredo en México, al otro lado del Río Grande de Laredo, Texas, ven los Estados Unidos por primera vez.

Mañana cruzarán el puente y pedirán asilo. Los miembros de esta nueva familia, formada durante su viaje, tendrán que irse por caminos diferentes.

Pero eso será mañana.

Esta noche, sueñan.

Alessandra tararea la canción favorita de su madre.

Nando y Laura se acurrucan y se cuentan chistes.

Rodrigo ríe mientras duerme.

Esta noche, tienen esperanza.

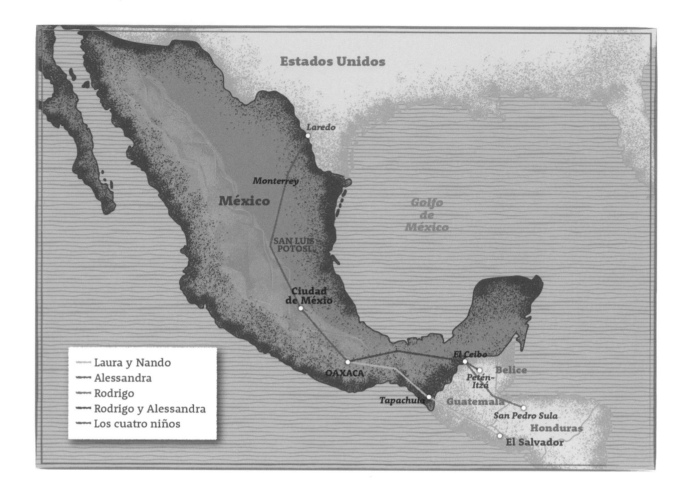

Una nota de la Universidad de Baylor

Si bien los personajes de este libro son creados, sus historias son reales. La mayoría de los niños migran para reunirse con sus familiares en los Estados Unidos, y la mayoría de los migrantes huyen de alguna forma de violencia. Las conocidas pandillas callejeras de Centroamérica reclutan niños de hasta tan sólo ocho años y los obligan a unirse. Muchos niños, como Rodrigo, creen que no pueden confiar en las autoridades para protegerlos; su única opción es irse. Alessandra, como muchos otros niños mayas, es particularmente vulnerable debido a su herencia indígena. Tendrá dificultades para comunicarse con los otros niños que conoce en el viaje porque habla el idioma maya Q'eqchi' y no el español.

La travesía desde la frontera guatemalteca a través de México hasta los Estados Unidos es extensa y ardua. Desde el río Suchiate, donde Laura y Nando ingresan a México, son más de 1,000 millas a Nuevo Laredo y casi el doble de esta distancia a San Diego. La famosa red de trenes conocida como La Bestia, es la parte más peligrosa del viaje. Como muestran las ilustraciones del libro, esta no es nunca la única forma en la que viajan los migrantes. Usan una combinación de caminar, tomar el transporte público y viajar montados en la parte trasera de grandes camiones de carga.

Si bien es verdad que el camino a través de México es muy peligroso y que los migrantes son víctimas habituales en el camino, también es cierto que muchos migrantes también experimentan gran amabilidad. Existe una red de refugios por todo el país, y muchas personas y organizaciones trabajan activamente para ayudar proporcionando alimentos, refugio, ropa, atención médica, servicios legales y mucho más.

Nuestra historia termina con los niños mirando a través de la frontera, con la esperanza de un futuro mejor y más seguro. Mañana se presentarán a los oficiales de inmigración y solicitarán asilo. Es en este momento dónde comienza el largo y difícil viaje a través del sistema de inmigración de los Estados Unidos.

Inicialmente, los niños son retenidos en las instalaciones de Aduanas y Patrulla Fronteriza (CBP) y por ley deben ser transferidos a un refugio o hogar temporal administrado por la Oficina de Reasentamiento de Refugiados (ORR) dentro de las 72 horas de su llegada, aunque es común que los niños sean retenidos por CBP por varios días e inclusive semanas.

Los niños pasan típicamente alrededor de dos meses en las instalaciones de ORR, dónde se les debe brindar educación y servicios de salud mientras esperan ser colocados con un familiar o un patrocinador. Una vez entregados a un patrocinador, los niños solicitan asilo u alguna otra forma de alivio dentro del sistema de tribunales de inmigración. Estos casos pueden tardar desde seis meses hasta dos años en ser procesados y si logran tener éxito, los niños podrán permanecer en los Estados Unidos.

Una vez que los niños están en los EE. UU., ya sea esperando una cita en la corte o después de una audiencia de asilo exitosa, su viaje está lejos de darse por terminado. Ahora necesitan aprender a vivir en un nuevo país, con un nuevo idioma, estar en una nueva escuela, adaptarse a vivir con familiares a los que muchas veces no habían visto en años y que quizás apenas conozcan. Organizaciones en todo Estados Unidos trabajan para abordar las necesidades de niños como Alessandra, Nando, Laura y Rodrigo brindándoles lugares seguros, servicios legales, educación y atención médica.

¿Cómo involucrarse?

Los niños necesitan asistencia legal, educación y servicios de salud. Al principio, los niños buscando asilo necesitan ayuda para encontrar y pagar abogados porque sus casos son asuntos civiles, no penales, lo que significa que tienen derecho a un abogado pero no se les proporciona uno. Existen muchos grupos que intentan proporcionar estos servicios a menores no acompañados. Sin embargo, estos no tienen suficiente personal, fondos suficientes y están abrumados por su carga de casos. Varios grupos de reasentamiento y organizaciones sin fines de lucro ayudan a los niños a inscribirse en las escuelas, aprender inglés y los conectan con tutores locales mientras se van adaptando a la vida en los EE. UU. Si bien los niños reciben atención médica inicial dentro del sistema de inmigración, requieren de servicios de salud continuos para su bienestar físico y mental.

Estos niños migrantes han experimentado incalculables horrores — el trauma que los forzó a abandonar sus países de orígen, la violencia y las dificultades que experimentaron en el camino, además de los retos de adaptarse a un nuevo lugar, cultura y familia. Existen consejeros, trabajadores sociales y grupos basados en la fe en comunidades de todo el país que están ayudando a estos niños a recuperarse del trauma y restaurar su salud. Les alentamos a apuntarse como voluntario y colaborar con alguna de estas organizaciones en su comunidad.

El proyecto global de hambre y migración

En 2017, la Universidad de Baylor lanzó una serie de proyectos para crear equipos de profesores y estudiantes para realizar investigaciones y diseñar intervenciones que aborden algunos de los problemas más complejos del mundo. Los Dres. Lori Baker y Víctor Hinojosa lanzaron el proyecto que ahora es el Proyecto Global del Hambre y la Migración (GHMP) dentro del Colaborativo del Hambre y la Pobreza de Baylor. Mientras que el GHMP tiene como objetivo ampliar su investigación y llegar a países de todo el mundo, los equipos actuales dentro del GHMP tienen como uno de sus enfoques la crisis en Centroamérica. Desde 2014, más de 850,000 niños y familias han huido de Guatemala, El Salvador y Honduras a los Estados Unidos en busca de asilo. Más de 250,000 de estos individuos son, como Rodrigo, Alessandra, Nando y Laura, niños y jóvenes que han hecho este viaje solos.

En Baylor, estamos comprometidos a comprender esta crisis en toda su complejidad, incluyendo los factores que empujan a que los inmigrantes abandonen sus hogares, el viaje en sí mismo y la realidad del sistema de inmigración en los EE. UU. Trabajamos para realizar investigaciones y diseñar intervenciones en cada uno de estos puntos con el objetivo de integrar la investigación, la educación, el análisis de políticas y el compromiso de la comunidad para lograr un cambio en las esferas de hambre y la migración alrededor del mundo. Nuestros proyectos están destinados a fomentar la comprensión y el compromiso con esta crisis en el aula y más allá al equipar a los estudiantes y profesionales con las habilidades y las herramientas para identificar eficaces prácticas para abordar estos problemas. Este libro es un ejemplo de un proyecto que cuenta las historias de niños refugiados con la esperanza de que podamos comprender mejor su viaje y así logremos dar una mejor y más informada respuesta a este problema.

Expresiones de gratitud

Este libro, publicado en colaboración entre la Universidad de Baylor y Six Foot Press, es el resultado de una investigación realizada por estudiantes universitarios de Baylor como parte del GHMP en un curso llamado "Migración infantil en el hemisferio occidental". Este curso utiliza técnicas de pensamiento de diseño para enseñar a los estudiantes que pueden involucrarse con grandes y desalentadores problemas ocurriendo en el mundo. En el transcurso de cuatro semestres, los siguientes estudiantes diseñaron este proyecto, realizaron su investigación y redactaron la historia y la ruta de nuestros personajes: Maddy Abdallah, Adele Allen, Caroline Capili, Julia Castillo, Corrie Coleman, Savannah Cone, Alexia Contreras, Rachel Cummins, Bailey Craig, Claire Crites, Kendall Curtis, Juni Darling, Mishell Espinoza, Bethany Fernandes, Katie Frost, Chris Gonzalez, Jeshua Gonzalez, Ashlin Gray, Carolina Gutierrez, Abigail Haan, Abby Harris, Catherine Haseman, Holly Herald, Susan Herrera, Aime Hogue, Lorena Martinez, Austin McDaniel, Shannon McKim, Damian Moncada, Hannah Neel, Dalilah Negrete, Alex Oh, Ana O'Quin, Andrew Patterson, Annie Richmond, Katie Rivera, Kristopher Ruiz, Bonnie Ryan, Camille Rybacki, Lawson Sadler, Kylie Smith, Marianne Sullivan, Margaret Thonnard, Joshua Upham, Ben Valle, Emma Valle, Elizabeth Velasquez, Rebecca Voth, Jeffrey Wang, Natalie Widdows, and Ashley Yeaman.

Agradecemos especialmente a Lori Baker, Andy Hogue, Kingsley East y a todos en la Universidad de Baylor que trabajaron para hacer posible este proyecto, así de igual manera agradecemos al equipo de Six Foot Press.